Printed in the USA

The Estonian Dictionary
A Concise English-Estonian Dictionary

By Rasmus Sepp

The Estonian Dictionary

English — Estonian Dictionary

English	Eesti
Estonia	Eesti
Tallinn	Tallinn

A

Aboard	Pardal
About	Umbes
Above	Kohal
Accident	Õnnetus
Account	Konto
Across	Üle
Adapter	Adapter
Address	Aadress
Admit	Tunnistama
Adult	Täiskasvanu
Advice	Nõuanne
Afraid	Hirmul
After	Pärast
Age	Vanus
Ago	Tagasi

English	Eesti
Agree	Nõustuma
Ahead	Ees
Air	Õhk
Air conditioning	Kliimaseade
Airline	Lennuliin
Airplane	Lennuk
Airport	Lennujaam
Aisle	Vahekäik
Alarm clock	Äratuskell
Alcohol	Alkohol
All	Kõik
Allergy	Allergia
Alone	Üksi
Already	Juba
Also	Samuti
Always	Alati
Ancient	Iidne
And	Ja
Angry	Vihane
Animal	Loom
Ankle	Pahkluu
Another	Teine

English	Eesti
Answer	Vastus
Antique	Antiikne
Apartment	Korter
Apple	Õun
Appointment	Kohtumine
Argue	Vaidlema
Arm	Käsi
Arrest	Vahistama
Arrivals	Saabumine
Arrive	Saabuma
Art	Kunst
Artist	Kunstnik
Ask (questioning)	Küsitlema
Ask (request)	Küsima
Aspirin	Aspiriin
At	Juures
ATM	Sularahaautomaat
Awful	Kohutav

B

Baby	Beebi

English	Eesti
Babysitter	Lapsehoidja
Back (body)	Selg
Back (backward position)	Tagasi
Backpack	Seljakott
Bacon	Peekon
Bad	Halb
Bag	Kott
Baggage	Pagas
Baggage claim	Pagasi väljastus
Bakery	Pagariäri
Ball (sports)	Pall
Banana	Banaan
Band (musician)	Bänd
Bandage	Side
Band-Aid	Plaaster
Bank	Pank
Bank account	Pangakonto
Basket	Korv
Bath	Vann
Bathing suit	Ujumiskostüüm
Bathroom	Vannituba
Battery	Patarei

English	Eesti
Be	Olema
Beach	Rand
Beautiful	Ilus
Because	Sest
Bed	Voodi
Bedroom	Magamistuba
Beef	Veiseliha
Beer	Õlu
Before	Enne
Behind	Taga
Below	All
Beside	Kõrval
Best	Parim
Bet	Kihlvedu
Between	Vahel
Bicycle	Jalgratas
Big	Suur
Bike	Ratas
Bill (bill of sale)	Arve
Bird	Lind
Birthday	Sünnipäev
Bite (dog bite)	Hammustus

English	Eesti
Bitter	Mõru
Black	Must
Blanket	Tekk
Blind	Pime
Blood	Veri
Blue (dark blue)	Tumesinine
Blue (light blue)	Helesinine
Board (climb aboard)	Pardale minema
Boarding pass	Pardakaart
Boat	Paat
Body	Keha
Book	Raamat
Bookshop	Raamatupood
Boots (shoes)	Saapad
Border	Piir
Bored	Tüdinud
Boring	Igav
Borrow	Laenama
Both	Mõlemad
Bottle	Pudel
Bottle opener (beer)	Pudeliavaja
Bottle opener (corkscrew)	Korgitser

English	Eesti
Bottom (butt)	Tagumik
Bottom (on bottom)	Põhjas
Bowl	Kauss
Box	Kast
Boy	Poiss
Boyfriend	Poiss-sõber
Bra	Rinnahoidja
Brave	Vapper
Bread	Leib
Break (verb)	Murdma
Breakfast	Hommikusöök
Breathe	Hingama
Bribe (noun)	Altkäemaks
Bridge (noun)	Sild
Bring	Tooma
Broken (breaking)	Katki
Brother	Vend
Brown	Pruun
Brush	Hari
Bucket	Ämber
Bug	Putukas
Build	Ehitama

English	Eesti
Builder	Ehitaja
Building	Ehitis
Burn (noun)	Põletus
Bus	Buss
Bus station	Bussijaam
Bus stop	Bussipeatus
Business	Äri
Busy	Hõivatud
But	Aga
Butter	Või
Butterfly	Liblikas
Buy	Ostma

C

Cake (wedding cake)	Pulmatort
Cake (birthday cake)	Sünnipäevatort
Call	Helistama
Call (telephone call)	Kõne
Camera	Kaamera
Camp	Laager
Campfire	Lõkketuli

English	Eesti
Campsite	Lõkkeplats
Can (have the ability)	Suutma
Can (allowed)	Võima
Can (aluminum can)	Purk
Cancel	Tühistama
Candle	Küünal
Candy	Komm
Car	Auto
Cards (playing cards)	Kaardid
Care for	Hoolima
Carpenter	Puusepp
Carriage	Vedu
Carrot	Porgand
Carry	Kandma
Cash	Sularaha
Cash (deposit a check)	Kasseerima
Cashier	Kassapidaja
Castle	Loss
Cat	Kass
Cathedral	Katedraal
Celebration	Pidustus
Cell phone	Mobiiltelefon

English	Eesti
Cemetery	Kalmistu
Cent	Sent
Centimeter	Sentimeeter
Center	Kese
Cereal	Helbed
Chair	Tool
Chance	Võimalus
Change	Muutma
Change (coinage)	Peenraha
Change (pocket change)	Vahetusraha
Changing room	Proovikabiin
Chat up	Vestlema
Cheap	Odav
Cheat (verb)	Petma
Cheese	Juust
Chef	Kokk
Cherry	Kirss
Chest (torso)	Rindkere
Chicken	Kana
Child	Laps
Children	Lapsed
Chocolate	Šokolaad

English	Eesti
Choose	Valima
Christmas	Jõulud
Cider	Siider
Cigar	Sigar
Cigarette	Sigaret
City	Linn
City center	Kesklinn
Class (categorize)	Klass
Clean (adjective)	Puhas
Cleaning	Puhastamine
Climb (verb)	Ronima
Clock	Kell
Close (adverb)	Lähedal
Close (closer)	Sulgema
Closed	Suletud
Clothing	Riietus
Clothing store	Riidepood
Cloud	Pilv
Cloudy	Pilvine
Coast	Rannik
Coat	Mantel
Cockroach	Prussakas

English	Eesti
Cocktail	Kokteil
Cocoa	Kakao
Coffee	Kohv
Coins	Mündid
Cold	Külm
College	Kolledž
Color	Värv
Comb (noun)	Kamm
Come	Tulema
Comfortable	Mugav
Compass	Kompass
Complain	Kaebama
Complimentary (on the house)	Maja kulul
Computer	Arvuti
Concert	Kontsert
Conditioner (conditioning treatment)	Palsam
Contact lens solution	Kontaktläätsede lahus
Contact lenses	Kontaktläätsed
Contract	Leping
Cook	Küpsetama
Cookie	Küpsis
Cool (mild temperature)	Jahe

English	Eesti
Corn	Mais
Corner	Nurk
Cost (noun)	Hind
Cotton	Puuvill
Cotton balls	Vatipall
Cough (verb)	Köhima
Count	Loendama
Country	Riik
Cow	Lehm
Crafts	Käsitöö
Crash (noun)	Kokkupõrge
Crazy	Hull
Cream (creamy)	Koor
Cream (treatment)	Kreem
Credit	Krediit
Credit card	Krediitkaart
Cross (crucifix)	Rist
Crowded	Rahvarohke
Cruise	Kruiis
Custom	Kohandatud
Customs	Toll
Cut	Lõikama

English	Eesti
Cycle	Tsükkel
Cycling	Rattasõit
Cyclist	Rattur

D

Dad	Isa
Daily	Igapäevane
Dance (verb)	Tantsima
Dancing	Tantsimine
Dangerous	Ohtlik
Dark	Tume
Date (important notice)	Kohtumine
Date (specific day)	Kuupäev
Date (companion)	Kohting
Daughter	Tütar
Dawn	Koit
Day	Päev
Day after tomorrow	Ülehomme
Day before yesterday	Üleeile
Dead	Surnud
Deaf	Kurt

English	Eesti
Deal (card dealer)	Jagama
Decide	Otsustama
Deep	Sügav
Degrees (weather)	Kraadi
Delay (verb)	Hilinema
Deliver	Kohale toimetama
Dentist	Hambaarst
Deodorant	Deodorant
Depart	Lahkuma
Department store	Kaubanduskeskus
Departure	Lahkumine
Departure gate	Väljumisvärav
Deposit (noun)	Deposiit
Desert	Kõrb
Dessert	Magustoit
Details	Üksikasjad
Diaper	Mähe
Diarrhea	Kõhulahtisus
Diary	Päevik
Die	Surema
Diet (adjective)	Dieet
Different	Erinev

English	Eesti
Difficult	Keeruline
Dinner	Õhtusöök
Direct	Otsene
Direction	Suund
Dirty	Räpane
Disaster	Katastroof
Disabled	Puudega
Dish	Nõu
Diving	Sukeldumine
Dizzy	Uimane
Do	Tegema
Doctor	Arst
Dog	Koer
Door	Uks
Double	Topelt
Double bed	Kaheinimesevoodi
Double room	Kaheinimesetuba
Down	Alla
Downhill	Allamäge
Dream	Unistus
Dress	Kleit
Drink (cocktail)	Drink

English	Eesti
Drink (beverage)	Jook
Drink	Jooma
Drive	Sõitma
Drums	Trummid
Drunk	Purjus
Dry	Kuiv
Dry (warm up)	Kuivama
Duck	Part

E

Each	Iga
Ear	Kõrv
Early	Vara
Earn	Teenima
East	Ida
Easy	Lihtne
Eat	Sööma
Education	Haridus
Egg	Muna
Electricity	Elekter
Elevator	Lift

English	Eesti
Embarrassed	Häbenema
Emergency	Hädaolukord
Empty	Tühi
End (noun)	Lõpp
English	Inglise keel
Enjoy (enjoying)	Nautima
Enough	Piisav
Enter	Sisenema
Entry	Sissekanne
Escalator	Eskalaator
Euro	Euro
Evening	Õhtu
Every	Iga
Everyone	Igaüks
Everything	Kõik
Exactly	Täpselt
Exit	Väljapääs
Expensive	Kallis
Experience	Kogemus
Eyes	Silmad

English	Eesti

F

Face	Nägu
Fall (autumnal)	Sügis
Fall (falling)	Kukkuma
Family	Perekond
Famous	Kuulus
Far	Kaugel
Fare	Piletihind
Farm	Talu
Fast	Kiire
Fat (adjective)	Paks
Feel (touching)	Kompama
Feelings	Tunded
Female	Naissoost
Fever	Palavik
Few	Mõni
Fight (noun)	Võitlus
Fill	Täitma
Fine	Hästi
Finger	Sõrm

English	Eesti
Finish (verb)	Lõpetama
Fire (heated)	Tuli
First	Esimene
First-aid kit	Esmaabikomplekt
Fish	Kala
Flat (adjective)	Lame
Floor (carpeting)	Põrand
Floor (level)	Korrus
Flour	Jahu
Flower	Lill
Fly (verb)	Lendama
Foggy	Udune
Follow	Järgnema
Food	Toit
Foot	Jalg
Forest	Mets
Forever	Igavesti
Forget	Unustama
Fork	Kahvel
Foul (noun, sports)	Viga
Fragile	Habras
Free (at liberty)	Vaba

English	Eesti
Free (no cost)	Tasuta
Fresh	Värske
Fridge	Külmkapp
Friend	Sõber
From	Alates
Frost	Härmatis
Fruit	Puuvili
Fry	Praadima
Frying pan	Pann
Full	Täis
Full-time	Täiskohaga
Fun	Lõbus
Funny	Naljakas
Furniture	Mööbel
Future	Tulevik

G

Game (match-up)	Matš
Game (event)	Mäng
Garbage	Prügi
Garbage can	Prügikast

English	Eesti
Garden	Aed
Gas (gasoline)	Kütus
Gate (airport)	Värav
Gauze	Marli
Get	Saama
Get off (disembark)	Maha minema
Gift	Kingitus
Girl	Tüdruk
Girlfriend	Tüdruksõber
Give	Andma
Glass	Klaas
Glasses (eyeglasses)	Prillid
Gloves	Kindad
Glue	Liim
Go (walk)	Minema
Go (drive)	Sõitma
Go out	Välja minema
God (deity)	Jumal
Gold	Kuld
Good	Hea
Government	Valitsus
Gram	Gramm

English	Eesti
Granddaughter	Tütretütar/pojatütar
Grandfather	Vanaisa
Grandmother	Vanaema
Grandson	Tütrepoeg/pojapoeg
Grass	Muru
Grateful	Tänulik
Grave	Haud
Great (wonderful)	Suurepärane
Green	Roheline
Grey	Hall
Grocery	Toidukaubad
Grow	Kasvama
Guaranteed	Tagatud
Guess	Arvama
Guilty	Süüdi
Guitar	Kitarr
Gun	Relv
Gym	Jõusaal

H

Hair	Juuksed

English	Eesti
Hairbrush	Juuksehari
Haircut	Soeng
Half	Pool
Hand	Käsi
Handbag	Käekott
Handkerchief	Taskurätik
Handmade	Käsitsi valmistatud
Handsome	Nägus
Happy	Õnnelik
Hard (firm)	Kõva
Hard-boiled	Kõvaks keedetud
Hat	Müts
Have	Omama
Have a cold	Külmetunud
Have fun	Lõbutsema
He	Tema
Head	Pea
Headache	Peavalu
Headlights	Esituled
Health	Tervis
Hear	Kuulma
Heart	Süda

English	Eesti
Heat	Kuumus
Heated	Kuumutatud
Heater	Küttekeha
Heavy	Raske
Helmet	Kiiver
Help	Aitama
Her (hers)	Tema oma
Herb	Ravimtaim
Herbal	Taimne
Here	Siin
High (steep)	Kõrge
High school	Keskkool
Highway	Maantee
Hike (noun)	Matk
Hiking	Matkamine
Hill	Mägi
Hire	Palkama
His	Tema oma
History	Ajalugu
Holiday	Puhkus
Holidays	Pühad
Home	Kodu

English	Eesti
Honey	Mesi
Horse	Hobune
Hospital	Haigla
Hot	Kuum
Hot water	Kuum vesi
Hotel	Hotell
Hour	Tund
House	Maja
How	Kuidas
How much	Kui palju
Hug	Kallistus
Humid	Niiske
Hungry (famished)	Näljane
Hurt (adjective)	Vigastatud
Husband	Abikaasa

I

Ice	Jää
Ice cream	Jäätis
Identification	Identifitseerimine
ID card	ID-kaart

English	Eesti
Idiot	Idioot
If	Kui
Ill	Haige
Important	Oluline
Impossible	Võimatu
In	Sees
(be) in a hurry	Ruttama
In front of	Ees
Included	Kaasa arvatud
Indoor	Siseruumis
Information	Informatsioon
Ingredient	Koostisosa
Injury	Vigastus
Innocent	Süütu
Inside	Sees
Interesting	Huvitav
Invite	Kutsuma
Island	Saar
It	See
Itch	Sügelus

English	Eesti

J

Jacket	Jakk
Jail	Vangla
Jar	Purk
Jaw	Lõug
Jeep	Džiip
Jewelry	Ehted
Job	Töö
Jogging	Sörkimine
Joke	Nali
Juice	Mahl
Jumper (cardigan)	Kampsun

K

Key	Võti
Keyboard	Klaviatuur
Kilogram	Kilogramm
Kilometer	Kilomeeter
Kind (sweet)	Lahke

English	Eesti
Kindergarten	Lasteaed
King	Kuningas
Kiss	Suudlus
Kiss	Suudlema
Kitchen	Köök
Knee	Põlv
Knife	Nuga
Know	Teadma

L

Lace	Pits
Lake	Järv
Land	Maa
Language	Keel
Laptop	Sülearvuti
Large	Suur
Last (finale)	Viimane
Last (previously)	Eelmine
Law (edict)	Seadus
Lawyer	Advokaat
Lazy	Laisk

English	Eesti
Leader	Juht
Learn	Õppima
Leather	Nahk
Left (leftward)	Vasakul
Leg	Jalg
Legal	Seaduslik
Lemon	Sidrun
Lemonade	Limonaad
Lens	Lääts
Lesbian	Lesbi
Less	Vähem
Letter (envelope)	Kiri
Lettuce	Salat
Liar	Valetaja
Library	Raamatukogu
Lie (lying)	Lamama
Lie (falsehood)	Valetama
Life	Elu
Light	Valgus
Light (pale)	Hele
Light (weightless)	Kerge
Light bulb	Lambipirn

English	Eesti
Lighter (ignited)	Süütaja
Like (verb)	Meeldima
Lime	Laim
Lips	Huuled
Lipstick	Huulepulk
Liquor store	Alkoholipood
Listen	Kuulama
Little (few)	Vähe
Little (tiny)	Väike
Live (occupy)	Elama
Local	Kohalik
Lock (verb)	Lukustama
Locked	Lukus
Long	Pikk
Look	Vaatama
Look for	Otsima
Lose	Kaotama
Lost	Kadunud
Lot	Palju
Loud	Vali
Love	Armastus
Low	Madal

English	Eesti
Luck	Õnn
Lucky	Õnnelik
Luggage	Pagas
Lump	Muhk
Lunch	Lõuna
Luxury	Luksus

M

Machine	Masin
Magazine	Ajakiri
Mail (mailing)	Post
Mailbox	Postkast
Main	Põhiline
Main road	Peatee
Make	Valmistama
Make-up	Jumestus
Man	Mees
Many	Palju
Map	Kaart
Market	Turg
Marriage	Abielu

English	Eesti
Marry	Abielluma
Matches (matchbox)	Tikud
Mattress	Madrats
Maybe	Võib-olla
Me	Mina
Meal	Roog
Meat	Liha
Medicine (medicinal)	Ravim
Meet	Kohtuma
Meeting	Kohtumine
Member	Liige
Message	Sõnum
Metal	Metall
Meter	Meeter
Microwave	Mikrolaine
Midday	Keskpäev
Midnight	Südaöö
Military (noun)	Sõjavägi
Milk	Piim
Millimeter	Millimeeter
Minute (moment)	Minut
Mirror	Peegel

English	Eesti
Miss (lady)	Preili
Miss (mishap)	Möödalask
Mistake	Viga
Mobile phone	Mobiiltelefon
Modern	Moodne
Money	Raha
Month	Kuu
More	Rohkem
Morning	Hommik
Mosquito	Sääsk
Motel	Motell
Mother	Ema
Mother-in-law	Ämm
Motorbike	Mootorratas
Motorboat	Mootorpaat
Mountain	Mägi
Mountain range	Mäestik
Mouse	Hiir
Mouth	Suu
Movie	Film
Mr.	Härra
Mrs./Ms	Proua/Preili

English	Eesti
Mud	Muda
Murder	Mõrv
Muscle	Lihas
Museum	Muuseum
Music	Muusika
Mustard	Sinep
Mute (adjective)	Tumm
My	Minu

N

Nail clippers	Küünelõikur
Name (moniker)	Nimi
Name (term)	Nimetus
Name (surname)	Nimi
Napkin	Salvrätik
Nature	Loodus
Nausea	Peapööritus
Near (close)	Lähedal
Nearest	Lähim
Necessity	Vajadus
Neck	Kael

English	Eesti
Necklace	Kaelakee
Need (verb)	Vajama
Needle (stitch)	Nõel
Negative	Negatiivne
Neither...nor...	Mitte kumbki
Net	Võrk
Never	Mitte kunagi
New	Uus
News	Uudised
Newspaper	Ajaleht
Next (ensuing)	Järgmine
Next to	Kõrval
Nice	Kena
Nickname	Hüüdnimi
Night	Öö
Nightclub	Ööklubi
No	Ei
Noisy	Lärmakas
None	Mitte ükski
Nonsmoking	Mittesuitsetajatele
Noon	Keskpäev
North	Põhi

English	Eesti
Nose	Nina
Not	Mitte
Notebook	Märkmik
Nothing	Mitte midagi
Now	Nüüd
Number	Number
Nurse	Medõde
Nut	Pähkel

O

Ocean	Ookean
Off (strange)	Veider
Office	Kontor
Often	Tihti
Oil (oily)	Õli
Old	Vana
On	Peal
On time	Õigel ajal
Once	Ükskord
One	Üks
One-way	Ühesuunaline

English	Eesti
Only	Ainult
Open	Avatud
Operation (process)	Toiming
Operator	Operaator
Opinion	Arvamus
Opposite (noun)	Vastand
Or	Või
Orange (citrus)	Apelsin
Orange (color)	Oranž
Orchestra	Orkester
Order	Tellimus
Order	Tellima
Ordinary	Tavaline
Original	Originaal
Other	Muu
Our	Meie
Outside	Väljas
Oven	Ahi
Overnight	Üleöö
Overseas	Meretagune
Owner	Omanik
Oxygen	Hapnik

English	Eesti

P

English	Eesti
Package	Pakk
Packet	Pakett
Padlock	Tabalukk
Page	Lehekülg
Pain	Valu
Painful	Valus
Painkiller	Valuvaigisti
Painter	Maaler
Painting (canvas)	Maal
Painting (the art)	Maalikunst
Pair	Paar
Pan	Pann
Pants (slacks)	Püksid
Paper	Paber
Paperwork	Kantseleitöö
Parents	Vanemad
Park	Park
Park (parking)	Parkima
Part (piece)	Osa

English	Eesti
Part-time	Poole kohaga
Party (celebration)	Pidu
Party (political)	Partei
Pass (verb)	Mööduma
Passenger	Reisija
Passport	Pass
Past (ago)	Möödunud
Path	Rada
Pay	Maksma
Payment	Makse
Peace	Rahu
Peach	Virsik
Peanut	Maapähkel
Pear	Pirn
Pedal	Pedaal
Pedestrian	Jalakäija
Pen	Pastapliiats
Pencil	Pliiats
People	Inimesed
Pepper (peppery)	Pipar
Per	Kohta
Per cent	Protsent

English	Eesti
Perfect	Täuslik
Performance	Esitlus
Perfume	Parfüüm
Permission (permit)	Luba
Person	Isik
Petrol	Bensiin
Petrol station	Tankla
Pharmacy	Apteek
Phone book	Telefoniraamat
Photo	Foto
Photographer	Fotograaf
Pigeon	Tuvi
Pie	Pirukas
Piece	Tükk
Pig	Siga
Pill	Tablett
Pillow	Padi
Pillowcase	Padjapüür
Pink	Roosa
Place	Paik
Plane	Lennuk
Planet	Planeet

English	Eesti
Plant	Taim
Plastic	Plastmass
Plate	Taldrik
Play (strum)	Mängima
Play (theatrical)	Etendus
Plug (stopper)	Tropp
Plug (socket)	Pistik
Plum	Ploom
Pocket	Tasku
Point (noun)	Punkt
Poisonous	Mürgine
Police	Politsei
Police officer	Politseinik
Police station	Politseijaoskond
Politics	Poliitika
Pollution	Saaste
Pool (basin)	Bassein
Poor	Vaene
Popular	Populaarne
Pork	Sealiha
Port (dock)	Sadam
Positive	Positiivne

English	Eesti
Possible	Võimalik
Postcard	Postkaart
Post office	Postkontor
Pot (kettle)	Pott
Potato	Kartul
Pottery	Keraamika
Pound (ounces)	Nael
Poverty	Vaesus
Powder	Pulber
Power	Võim
Prayer	Palve
Prefer	Eelistama
Pregnant	Rase
Prepare	Valmistuma
Prescription	Retsept
Present (treat)	Kingitus
Present (now)	Olevik
President	President
Pressure	Rõhk
Pretty	Ilus
Price	Hind
Priest	Preester

English	Eesti
Printer (printing)	Printer
Prison	Vangla
Private	Privaatne
Produce (verb)	Tootma
Profit	Kasum
Program	Programm
Promise (verb)	Lubama
Protect	Kaitsma
Pub	Pubi
Public toilet	Avalik tualett
Pull	Tõmbama
Pump	Pumpama
Pumpkin	Kõrvits
Pure	Puhas
Purple	Lilla
Purse	Rahakott
Push	Lükkama
Put	Panema

Q

Quality	Kvaliteet

English	Eesti
Quarter (portion of a whole)	Veerand
Queen	Kuninganna
Question	Küsimus
Queue	Järjekord
Quick	Kiire
Quiet	Vaikne
Quit	Loobuma

R

Rabbit	Jänes
Race (running)	Võidu jooksma
Radiator	Radiaator
Radio	Raadio
Rain (noun)	Vihm
Raincoat	Vihmamantel
Rare (exotic)	Haruldane
Rare (unique)	Omapärane
Rash	Lööve
Raspberry	Vaarikas
Rat	Rott
Raw	Toores

English	Eesti
Razor	Habemenuga
Read	Lugema
Reading	Lugemine
Ready	Valmis
Rear (behind)	Tagumine
Reason	Põhjus
Receipt	Kviitung
Recently	Hiljuti
Recommend	Soovitama
Record (music)	Lindistama
Recycle	Taaskasutama
Red	Punane
Refrigerator	Külmkapp
Refund (noun)	Tagastus
Refuse (verb)	Keelduma
Regret	Kahetsema
Relationship	Suhe
Relax	Lõõgastuma
Relic	Reliikvia
Religion	Usk
Religious	Usklik
Remote	Pult

English	Eesti
Rent (verb)	Rentima
Repair (noun)	Remont
Reservation (reserving)	Broneering
Rest (verb)	Puhkama
Restaurant	Restoran
Return (homecoming)	Naasmine
Return (returning)	Naasma
Review (noun)	Ülevaade
Rhythm	Rütm
Rib	Ribi
Rice	Riis
Rich (prosperous)	Rikas
Ride	Sõit
Ride (riding)	Sõitma
Right (appropriate)	Õige
Right (rightward)	Paremal
Ring (bauble)	Sõrmus
Ring (ringing)	Helisema
Rip-off	Pettus
River	Jõgi
Road	Tee
Rob	Röövima

English	Eesti
Robbery	Rööv
Rock (noun)	Kivi
Romantic	Romantiline
Room (accommodation)	Ruum
Room (chamber)	Tuba
Room number	Toa number
Rope	Nöör
Round	Ümmargune
Route	Marsruut
Rug	Vaip
Ruins	Varemed
Rule (noun)	Reegel
Rum	Rumm
Run	Jooksma
Running	Jooksmine

S

Sad	Kurb
Safe	Turvaline
Salad	Salat
Sale (special)	Müük

English	Eesti
Sales tax	Müügimaks
Salmon	Lõhe
Salt	Sool
Same	Sama
Sand	Liiv
Sandal	Sandaal
Sauce	Kaste
Saucepan	Kastmepann
Sauna	Saun
Say	Ütlema
Scarf	Sall
School	Kool
Science	Teadus
Scientist	Teadlane
Scissors	Käärid
Sea	Meri
Seasickness	Merehaigus
Season	Aastaaeg
Seat	Iste
Seatbelt	Turvavöö
Second (moment)	Hetk
Second	Sekund

English	Eesti
See	Nägema
Selfish	Isekas
Sell	Müüma
Send	Saatma
Sensible	Mõistlik
Sensual	Sensuaalne
Separate	Eraldi
Serious	Tõsine
Service	Teenus
Several	Mitu
Sew	Õmblema
Sex	Sugu
Sexism	Seksism
Sexy	Seksikas
Shade (shady)	Vari
Shampoo	Šampoon
Shape (noun)	Kuju
Share (sharing)	Jagama
Share (allotment)	Osa
Shave	Raseerima
Shaving cream	Raseerimiskreem
She	Tema

English	Eesti
Sheet (linens)	Lina
Ship	Laev
Shirt	Särk
Shoes	Kingad
Shoot	Tulistama
Shop	Pood
Shop	Ostma
Shopping center	Ostukeskus
Short (low)	Lühike
Shortage	Puudujääk
Shorts	Lühikesed püksid
Shoulder	Õlg
Shout (verb)	Karjuma
Show	Show
Show	Näitama
Shower	Dušš
Shut	Kinni
Shy	Häbelik
Sick	Haige
Side	Külg
Sign	Märk
Sign (signature)	Silt

English	Eesti
Signature	Allkiri
Silk	Siid
Silver	Hõbe
Similar	Sarnane
Simple	Lihtne
Since	Alates
Sing	Laulma
Singer	Laulja
Single (individual)	Üksik
Sister	Õde
Sit	Istuma
Size (extent)	Suurus
Skin	Nahk
Skirt	Seelik
Sky	Taevas
Sleep	Magama
Sleepy	Unine
Slice	Lõik
Slow	Aeglane
Slowly	Aeglaselt
Small	Väike
Smell (noun)	Lõhn

English	Eesti
Smile (noun)	Naeratus
Smoke (verb, cigarettes)	Suitsetama
Snack	Snäkk
Snake	Uss
Snow (noun)	Lumi
Soap	Seep
Socks	Sokid
Soda	Sooda
Soft-drink	Karastusjook
Some	Mõned
Someone	Keegi
Something	Miski
Son	Poeg
Song	Laul
Soon	Varsti
Sore	Valus
Soup	Supp
South	Lõuna
Specialist	Asjatundja
Speed (rate)	Kiirus
Spinach	Spinat
Spoiled (rotten)	Rikutud

English	Eesti
Spoke	Kodar
Spoon	Lusikas
Sprain (noun)	Nikastus
Spring (season)	Kevad
Square (town center)	Väljak
Stadium	Staadion
Stamp	Tempel
Star	Täht
Star sign	Tähemärk
Start (verb)	Alustama
Station (noun)	Jaam
Statue	Kuju
Stay (sleepover)	Jääma
Steak	Praad
Steal	Varastama
Steep	Järsk
Step	Aste
Stolen	Varastatud
Stomach	Kõht
Stomach ache	Kõhuvalu
Stone	Kivi
Stop (station)	Peatus

English	Eesti
Stop (halt)	Peatama
Stop (avoid)	Katkestama
Storm	Torm
Story	Lugu
Stove	Pliit
Straight	Otse
Strange	Veider
Stranger	Võõras
Strawberry	Maasikas
Street	Tänav
String	Nöör
Stroller	Lapsekäru
Strong	Tugev
Stubborn	Kangekaelne
Student	Õpilane
Studio	Stuudio
Stupid	Rumal
Suburb	Äärelinn
Subway (underground)	Metroo
Sugar	Suhkur
Suitcase	Kohver
Summer	Suvi

English	Eesti
Sun	Päike
Sun block	Päikesekaitse
Sunburn	Päikesepõletus
Sunglasses	Päikeseprillid
Sunny	Päikseline
Sunrise	Päikesetõus
Sunset	Päikeseloojang
Supermarket	Supermarket
Surf	Surfama
Surprise (noun)	Üllatus
Sweater	Sviiter
Sweet	Magus
Swelling	Paistetus
Swim	Ujuma
Swimming pool	Bassein
Swimsuit	Ujumiskostüüm

T

Table	Laud
Tablecloth	Laualina
Tall	Pikk

English	Eesti
Take	Võtma
Take photos	Pildistama
Talk	Rääkima
Tap	Koputama
Tap water	Kraanivesi
Tasty	Maitsev
Tea	Tee
Teacher	Õpetaja
Team	Meeskond
Teaspoon	Teelusikas
Teeth	Hambad
Telephone	Telefon
Television	Televisioon
Tell	Rääkima
Temperature (feverish)	Palavik
Temperature (degrees)	Temperatuur
Terrible	Õudne
Thank	Tänama
That (one)	See
Theater	Teater
Their	Nende
There	Seal

English	Eesti
Thermometer	Termomeeter
They	Nemad
Thick	Paks
Thief	Varas
Thin	Peenike
Think	Mõtlema
Third	Kolmas
Thirsty (parched)	Janune
This (one)	See
Throat	Kurk
Ticket	Pilet
Tight	Kitsas
Time	Aeg
Time difference	Ajavahe
Tin (aluminum can)	Plekk-karp
Tiny	Pisike
Tip (tipping)	Jootraha
Tire	Rehv
Tired	Väsinud
Tissues	Salvrätikud
To	Kuni
Toast (toasting) (raise a glass)	Toost

English	Eesti
Toaster	Röster
Tobacco	Tubakas
Today	Täna
Toe	Varvas
Together	Koos
Toilet	Tualett
Toilet paper	Tualettpaber
Tomato	Tomat
Tomorrow	Homme
Tonight	Täna
Too (additionally)	Ka
Too (excessively)	Liiga
Tooth	Hammas
Toothbrush	Hambahari
Toothpaste	Hambapasta
Touch	Puudutama
Tour	Ringkäik
Tourist	Turist
Towards	Suunas
Towel	Rätik
Tower	Torn
Track (pathway)	Rada

English	Eesti
Track (racing)	Jooksurada
Trade (trading)	Kauplema
Trade (career)	Elukutse
Traffic	Liiklus
Traffic light	Valgusfoor
Trail	Rada
Train	Rong
Train station	Rongijaam
Tram	Tramm
Translate	Tõlkima
Translation	Tõlge
Transport	Transport
Travel	Reisima
Tree	Puu
Trip (expedition)	Reis
Truck	Veoauto
Trust (verb)	Usaldama
Try (trying)	Püüdma
Try (sip)	Proovima
T-shirt	T-särk
Turkey	Kalkun
Turn	Pöörama

English	Eesti
TV	TV
Tweezers	Pintsetid
Twice	Kaks korda
Twins	Kaksikud
Two	Kaks
Type (noun)	Tüüp
Typical	Tüüpiline

U

Umbrella	Vihmavari
Uncomfortable	Ebamugav
Understand	Mõistma
Underwear	Aluspesu
Unfair	Ebaõiglane
Until	Kuni
Unusual	Ebatavaline
Up	Üles
Uphill	Ülesmärge
Urgent	Kiireloomuline
Useful	Kasulik

English	Eesti

V

Vacation	Puhkus
Valuable	Väärtuslik
Value (noun)	Väärtus
Van	Kaubik
Vegetable	Köögivili
Vegetarian	Taimetoitlane
Venue	Koht
Very	Väga
Video recorder	Videosalvesti
View (noun)	Vaade
Village	Küla
Vinegar	Äädikas
Virus	Viirus
Visit	Külastus
Visit	Külastama
Voice	Hääl
Vote	Hääletama

English	Eesti

W

English	Eesti
Wage	Palk
Wait	Ootama
Waiter	Kelner
Waiting room	Ooteruum
Wake (someone) up	Äratama
Walk	Kõndima
Want	Tahtma
War	Sõda
Wardrobe	Riidekapp
Warm	Soe
Warn	Hoiatama
Wash (bathe)	Pesema
Wash (scrub)	Küürima
Wash cloth	Pesulapp
Washing machine	Pesumasin
Watch	Kell
Watch	Vaatama
Water	Vesi
Water bottle	Veepudel

English	Eesti
Watermelon	Arbuus
Waterproof	Veekindel
Wave (noun)	Laine
Way	Viis
We	Meie
Wealthy	Jõukas
Wear	Kandma
Weather	Ilm
Wedding	Pulm
Week	Nädal
Weekend	Nädalavahetus
Weigh	Kaaluma
Weight	Kaal
Weights	Raskused
Welcome	Tere tulemast
Well (good, adverb)	Hästi
West	Lääs
Wet	Märg
What	Mis
Wheel	Ratas
Wheelchair	Ratastool
When	Millal

English	Eesti
Where	Kus
Which	Milline
White	Valge
Who	Kes
Why	Miks
Wide	Lai
Wife	Naine
Win (verb)	Võitma
Wind	Tuul
Window	Aken
Wine	Vein
Winner	Võitja
Winter	Talv
Wish (verb)	Soovima
With	Koos
Within (until)	Jooksul
Without	Ilma
Wonderful	Võrratu
Wood	Puit
Wool	Vill
Word	Sõna
Work (verb)	Töötama

English	Eesti
World	Maailm
Worried	Mures
Wrist	Ranne
Write	Kirjutama
Writer	Kirjanik
Wrong	Vale

Y

Year	Aasta
Years	Aastad
Yellow	Kollane
Yes	Jah
Yesterday	Eile
(Not) yet	Veel
You	Sina
You	Teie
Young	Noor
Your	Sinu

English	Eesti

Z

Zipper	Lukk
Zoo	Loomaaed
Zucchini	Suvikõrvits

Estonian — English Dictionary

Eesti	English
Eesti	Estonia
Tallinn	Tallinn

A

Aadress	Address
Aasta	Year
Aastaaeg	Season
Aastad	Years
Abielluma	Marry
Abielu	Marriage
Abikaasa	Husband
Adapter	Adapter
Advokaat	Lawyer
Aed	Garden
Aeg	Time
Aeglane	Slow
Aeglaselt	Slowly
Aga	But
Ahi	Oven

Eesti	English
Ainult	Only
Aitama	Help
Ajakiri	Magazine
Ajaleht	Newspaper
Ajalugu	History
Ajavahe	Time difference
Aken	Window
Alates	From
Alates	Since
Alati	Always
Alkohol	Alcohol
Alkoholipood	Liquor store
All	Below
Alla	Down
Allamäge	Downhill
Allergia	Allergy
Allkiri	Signature
Altkäemaks	Bribe (noun)
Aluspesu	Underwear
Alustama	Start (verb)
Andma	Give
Antiikne	Antique

Eesti	English
Apelsin	Orange (citrus)
Apteek	Pharmacy
Arbuus	Watermelon
Armastus	Love
Arst	Doctor
Arvama	Guess
Arvamus	Opinion
Arve	Bill (bill of sale)
Arvuti	Computer
Asjatundja	Specialist
Aspiriin	Aspirin
Aste	Step
Auto	Car
Avalik tualett	Public toilet
Avatud	Open

B

Banaan	Banana
Bassein	Pool (basin)
Bassein	Swimming pool
Beebi	Baby

Eesti	English
Bensiin	Petrol
Broneering	Reservation (reserving)
Buss	Bus
Bussijaam	Bus station
Bussipeatus	Bus stop
Bänd	Band (musician)

D

Deodorant	Deodorant
Deposiit	Deposit (noun)
Dieet	Diet (adjective)
Drink	Drink (cocktail)
Džiip	Jeep
Dušš	Shower

E

Ebamugav	Uncomfortable
Ebatavaline	Unusual
Ebaõiglane	Unfair
Eelistama	Prefer

Eesti	English
Eelmine	Last (previously)
Ees	Ahead
Ees	In front of
Ehitaja	Builder
Ehitama	Build
Ehitis	Building
Ehted	Jewelry
Ei	No
Eile	Yesterday
Elama	Live (occupy)
Elekter	Electricity
Elu	Life
Elukutse	Trade (career)
Ema	Mother
Enne	Before
Eraldi	Separate
Erinev	Different
Esimene	First
Esitlus	Performance
Esituled	Headlights
Eskalaator	Escalator
Esmaabikomplekt	First-aid kit

Eesti	English
Etendus	Play (theatrical)
Euro	Euro

F

Film	Movie
Foto	Photo
Fotograaf	Photographer

G

Gramm	Gram

H

Habemenuga	Razor
Habras	Fragile
Haige	Ill
Haige	Sick
Haigla	Hospital
Halb	Bad
Hall	Grey
Hambaarst	Dentist

Eesti	English
Hambad	Teeth
Hambahari	Toothbrush
Hambapasta	Toothpaste
Hammas	Tooth
Hammustus	Bite (dog bite)
Hapnik	Oxygen
Hari	Brush
Haridus	Education
Haruldane	Rare (exotic)
Haud	Grave
Hea	Good
Helbed	Cereal
Hele	Light (pale)
Helesinine	Blue (light blue)
Helisema	Ring (ringing)
Helistama	Call
Hetk	Second (moment)
Hiir	Mouse
Hilinema	Delay (verb)
Hiljuti	Recently
Hind	Cost (noun)
Hind	Price

Eesti	English
Hingama	Breathe
Hirmul	Afraid
Hobune	Horse
Hoiatama	Warn
Homme	Tomorrow
Hommik	Morning
Hommikusöök	Breakfast
Hoolima	Care for
Hotell	Hotel
Hull	Crazy
Huuled	Lips
Huulepulk	Lipstick
Huvitav	Interesting
Hõbe	Silver
Hõivatud	Busy
Häbelik	Shy
Häbenema	Embarrassed
Hädaolukord	Emergency
Härmatis	Frost
Härra	Mr.
Hästi	Fine
Hästi	Well (good, adverb)

Eesti	English
Hääl	Voice
Hääletama	Vote
Hüüdnimi	Nickname

I

Ida	East
Identifitseerimine	Identification
Idioot	Idiot
ID-kaart	ID card
Iga	Each
Iga	Every
Igapäevane	Daily
Igav	Boring
Igavesti	Forever
Igaüks	Everyone
Iidne	Ancient
Ilm	Weather
Ilma	Without
Ilus	Beautiful
Ilus	Pretty
Informatsioon	Information

Eesti	English
Inglise keel	English
Inimesed	People
Isa	Dad
Isekas	Selfish
Isik	Person
Iste	Seat
Istuma	Sit

J

Ja	And
Jaam	Station (noun)
Jagama	Deal (card dealer)
Jagama	Share (sharing)
Jah	Yes
Jahe	Cool (mild temperature)
Jahu	Flour
Jakk	Jacket
Jalakäija	Pedestrian
Jalg	Foot
Jalg	Leg
Jalgratas	Bicycle

Eesti	English
Janune	Thirsty (parched)
Jook	Drink (beverage)
Jooksma	Run
Jooksmine	Running
Jooksul	Within (until)
Jooksurada	Track (racing)
Jooma	Drink
Jootraha	Tip (tipping)
Juba	Already
Juht	Leader
Jumal	God (deity)
Jumestus	Make-up
Juuksed	Hair
Juuksehari	Hairbrush
Juures	At
Juust	Cheese
Jõgi	River
Jõukas	Wealthy
Jõulud	Christmas
Jõusaal	Gym
Jänes	Rabbit
Järgmine	Next (ensuing)

Eesti	English
Järgnema	Follow
Järjekord	Queue
Järsk	Steep
Järv	Lake
Jää	Ice
Jääma	Stay (sleepover)
Jäätis	Ice cream

K

Ka	Too (additionally)
Kaal	Weight
Kaaluma	Weigh
Kaamera	Camera
Kaardid	Cards (playing cards)
Kaart	Map
Kaasa arvatud	Included
Kadunud	Lost
Kaebama	Complain
Kael	Neck
Kaelakee	Necklace
Kaheinimesetuba	Double room

Eesti	English
Kaheinimesevoodi	Double bed
Kahetsema	Regret
Kahvel	Fork
Kaitsma	Protect
Kakao	Cocoa
Kaks	Two
Kaks korda	Twice
Kaksikud	Twins
Kala	Fish
Kalkun	Turkey
Kallis	Expensive
Kallistus	Hug
Kalmistu	Cemetery
Kamm	Comb (noun)
Kampsun	Jumper (cardigan)
Kana	Chicken
Kandma	Carry
Kandma	Wear
Kangekaelne	Stubborn
Kantseleitöö	Paperwork
Kaotama	Lose
Karastusjook	Soft-drink

Eesti	English
Karjuma	Shout (verb)
Kartul	Potato
Kass	Cat
Kassapidaja	Cashier
Kasseerima	Cash (deposit a check)
Kast	Box
Kaste	Sauce
Kastmepann	Saucepan
Kasulik	Useful
Kasum	Profit
Kasvama	Grow
Katastroof	Disaster
Katedraal	Cathedral
Katkestama	Stop (avoid)
Katki	Broken (breaking)
Kaubanduskeskus	Department store
Kaubik	Van
Kaugel	Far
Kauplema	Trade (trading)
Kauss	Bowl
Keegi	Someone
Keel	Language

Eesti	English
Keelduma	Refuse (verb)
Keeruline	Difficult
Keha	Body
Kell	Clock
Kell	Watch
Kelner	Waiter
Kena	Nice
Keraamika	Pottery
Kerge	Light (weightless)
Kes	Who
Kese	Center
Keskkool	High school
Kesklinn	City center
Keskpäev	Midday
Keskpäev	Noon
Kevad	Spring (season)
Kihlvedu	Bet
Kiire	Fast
Kiire	Quick
Kiireloomuline	Urgent
Kiirus	Speed (rate)
Kiiver	Helmet

Eesti	English
Kilogramm	Kilogram
Kilomeeter	Kilometer
Kindad	Gloves
Kingad	Shoes
Kingitus	Gift
Kingitus	Present (treat)
Kinni	Shut
Kiri	Letter (envelope)
Kirjanik	Writer
Kirjutama	Write
Kirss	Cherry
Kitarr	Guitar
Kitsas	Tight
Kivi	Rock (noun)
Kivi	Stone
Klaas	Glass
Klass	Class (categorize)
Klaviatuur	Keyboard
Kleit	Dress
Kliimaseade	Air conditioning
Kodar	Spoke
Kodu	Home

Eesti	English
Koer	Dog
Kogemus	Experience
Kohal	Above
Kohale toimetama	Deliver
Kohalik	Local
Kohandatud	Custom
Koht	Venue
Kohta	Per
Kohting	Date (companion)
Kohtuma	Meet
Kohtumine	Appointment
Kohtumine	Date (important notice)
Kohtumine	Meeting
Kohutav	Awful
Kohv	Coffee
Kohver	Suitcase
Koit	Dawn
Kokk	Chef
Kokkupõrge	Crash (noun)
Kokteil	Cocktail
Kollane	Yellow
Kolledž	College

Eesti	English
Kolmas	Third
Komm	Candy
Kompama	Feel (touching)
Kompass	Compass
Kontaktläätsed	Contact lenses
Kontaktläätsede lahus	Contact lens solution
Konto	Account
Kontor	Office
Kontsert	Concert
Kool	School
Koor	Cream (creamy)
Koos	Together
Koos	With
Koostisosa	Ingredient
Koputama	Tap
Korgitser	Bottle opener (corkscrew)
Korrus	Floor (level)
Korter	Apartment
Korv	Basket
Kott	Bag
Kraadi	Degrees (weather)
Kraanivesi	Tap water

Eesti	English
Krediit	Credit
Krediitkaart	Credit card
Kreem	Cream (treatment)
Kruiis	Cruise
Kui	If
Kui palju	How much
Kuidas	How
Kuiv	Dry
Kuivama	Dry (warm up)
Kuju	Shape (noun)
Kuju	Statue
Kukkuma	Fall (falling)
Kuld	Gold
Kuni	To
Kuni	Until
Kuninganna	Queen
Kuningas	King
Kunst	Art
Kunstnik	Artist
Kurb	Sad
Kurk	Throat
Kurt	Deaf

Eesti	English
Kus	Where
Kutsuma	Invite
Kuu	Month
Kuulama	Listen
Kuulma	Hear
Kuulus	Famous
Kuum	Hot
Kuum vesi	Hot water
Kuumus	Heat
Kuumutatud	Heated
Kuupäev	Date (specific day)
Kvaliteet	Quality
Kviitung	Receipt
Kõht	Stomach
Kõhulahtisus	Diarrhea
Kõhuvalu	Stomach ache
Kõik	All
Kõik	Everything
Kõndima	Walk
Kõne	Call (telephone call)
Kõrb	Desert
Kõrge	High (steep)

Eesti	English
Kõrv	Ear
Kõrval	Beside
Kõrval	Next to
Kõrvits	Pumpkin
Kõva	Hard (firm)
Kõvaks keedetud	Hard-boiled
Käekott	Handbag
Käsi	Arm
Käsi	Hand
Käsitsi valmistatud	Handmade
Käsitöö	Crafts
Käärid	Scissors
Köhima	Cough (verb)
Köögivili	Vegetable
Köök	Kitchen
Küla	Village
Külastama	Visit
Külastus	Visit
Külg	Side
Külm	Cold
Külmetunud	Have a cold
Külmkapp	Fridge

Eesti	English
Külmkapp	Refrigerator
Küpsetama	Cook
Küpsis	Cookie
Küsima	Ask (request)
Küsimus	Question
Küsitlema	Ask (questioning)
Küttekeha	Heater
Kütus	Gas (gasoline)
Küünal	Candle
Küünelõikur	Nail clippers
Küürima	Wash (scrub)

L

Laager	Camp
Laenama	Borrow
Laev	Ship
Lahke	Kind (sweet)
Lahkuma	Depart
Lahkumine	Departure
Lai	Wide
Laim	Lime

Eesti	English
Laine	Wave (noun)
Laisk	Lazy
Lamama	Lie (lying)
Lambipirn	Light bulb
Lame	Flat (adjective)
Laps	Child
Lapsed	Children
Lapsehoidja	Babysitter
Lapsekäru	Stroller
Lasteaed	Kindergarten
Laualina	Tablecloth
Laud	Table
Laul	Song
Laulja	Singer
Laulma	Sing
Lehekülg	Page
Lehm	Cow
Leib	Bread
Lendama	Fly (verb)
Lennujaam	Airport
Lennuk	Airplane
Lennuk	Plane

Eesti	English
Lennuliin	Airline
Leping	Contract
Lesbi	Lesbian
Liblikas	Butterfly
Lift	Elevator
Liha	Meat
Lihas	Muscle
Lihtne	Easy
Lihtne	Simple
Liiga	Too (excessively)
Liige	Member
Liiklus	Traffic
Liim	Glue
Liiv	Sand
Lill	Flower
Lilla	Purple
Limonaad	Lemonade
Lina	Sheet (linens)
Lind	Bird
Lindistama	Record (music)
Linn	City
Loendama	Count

Eesti	English
Loobuma	Quit
Loodus	Nature
Loom	Animal
Loomaaed	Zoo
Loss	Castle
Luba	Permission (permit)
Lubama	Promise (verb)
Lugema	Read
Lugemine	Reading
Lugu	Story
Lukk	Zipper
Luksus	Luxury
Lukus	Locked
Lukustama	Lock (verb)
Lumi	Snow (noun)
Lusikas	Spoon
Lõbus	Fun
Lõbutsema	Have fun
Lõhe	Salmon
Lõhn	Smell (noun)
Lõik	Slice
Lõikama	Cut

Eesti	English
Lõkkeplats	Campsite
Lõkketuli	Campfire
Lõpetama	Finish (verb)
Lõpp	End (noun)
Lõug	Jaw
Lõuna	Lunch
Lõuna	South
Lõõgastuma	Relax
Lähedal	Close (adverb)
Lähedal	Near (close)
Lähim	Nearest
Lärmakas	Noisy
Lääs	West
Lääts	Lens
Lööve	Rash
Lühike	Short (low)
Lühikesed püksid	Shorts
Lükkama	Push

M

Maa	Land

Eesti	English
Maailm	World
Maal	Painting (canvas)
Maaler	Painter
Maalikunst	Painting (the art)
Maantee	Highway
Maapähkel	Peanut
Maasikas	Strawberry
Madal	Low
Madrats	Mattress
Magama	Sleep
Magamistuba	Bedroom
Magus	Sweet
Magustoit	Dessert
Maha minema	Get off (disembark)
Mahl	Juice
Mais	Corn
Maitsev	Tasty
Maja	House
Maja kulul	Complimentary (on the house)
Makse	Payment
Maksma	Pay
Mantel	Coat

Eesti	English
Marli	Gauze
Marsruut	Route
Masin	Machine
Matk	Hike (noun)
Matkamine	Hiking
Matš	Game (match-up)
Medõde	Nurse
Meeldima	Like (verb)
Mees	Man
Meeskond	Team
Meeter	Meter
Meie	Our
Meie	We
Merehaigus	Seasickness
Meretagune	Overseas
Meri	Sea
Mesi	Honey
Metall	Metal
Metroo	Subway (underground)
Mets	Forest
Mikrolaine	Microwave
Miks	Why

Eesti	English
Millal	When
Millimeeter	Millimeter
Milline	Which
Mina	Me
Minema	Go (walk)
Minu	My
Minut	Minute (moment)
Mis	What
Miski	Something
Mitte	Not
Mitte kumbki	Neither...nor...
Mitte kunagi	Never
Mitte midagi	Nothing
Mitte ükski	None
Mittesuitsetajatele	Nonsmoking
Mitu	Several
Mobiiltelefon	Cell phone
Mobiiltelefon	Mobile phone
Moodne	Modern
Mootorpaat	Motorboat
Mootorratas	Motorbike
Motell	Motel

Eesti	English
Muda	Mud
Mugav	Comfortable
Muhk	Lump
Muna	Egg
Murdma	Break (verb)
Mures	Worried
Muru	Grass
Must	Black
Muu	Other
Muuseum	Museum
Muusika	Music
Muutma	Change
Mõistlik	Sensible
Mõistma	Understand
Mõlemad	Both
Mõned	Some
Mõni	Few
Mõru	Bitter
Mõrv	Murder
Mõtlema	Think
Mäestik	Mountain range
Mägi	Hill

Eesti	English
Mägi	Mountain
Mähe	Diaper
Mäng	Game (event)
Mängima	Play (strum)
Märg	Wet
Märk	Sign
Märkmik	Notebook
Mööbel	Furniture
Möödalask	Miss (mishap)
Mööduma	Pass (verb)
Möödunud	Past (ago)
Mündid	Coins
Mürgine	Poisonous
Müts	Hat
Müügimaks	Sales tax
Müük	Sale (special)
Müüma	Sell

N

Naasma	Return (returning)
Naasmine	Return (homecoming)

Eesti	English
Nael	Pound (ounces)
Naeratus	Smile (noun)
Nahk	Leather
Nahk	Skin
Naine	Wife
Naissoost	Female
Nali	Joke
Naljakas	Funny
Nautima	Enjoy (enjoying)
Negatiivne	Negative
Nemad	They
Nende	Their
Niiske	Humid
Nikastus	Sprain (noun)
Nimetus	Name (term)
Nimi	Name (moniker)
Nimi	Name (surname)
Nina	Nose
Noor	Young
Nuga	Knife
Number	Number
Nurk	Corner

Eesti	English
Nõel	Needle (stitch)
Nõu	Dish
Nõuanne	Advice
Nõustuma	Agree
Nädal	Week
Nädalavahetus	Weekend
Nägema	See
Nägu	Face
Nägus	Handsome
Näitama	Show
Näljane	Hungry (famished)
Nöör	Rope
Nöör	String
Nüüd	Now

O

Odav	Cheap
Ohtlik	Dangerous
Olema	Be
Olevik	Present (now)
Oluline	Important

Eesti	English
Omama	Have
Omanik	Owner
Omapärane	Rare (unique)
Ookean	Ocean
Ootama	Wait
Ooteruum	Waiting room
Operaator	Operator
Oranž	Orange (color)
Originaal	Original
Orkester	Orchestra
Osa	Part (piece)
Osa	Share (allotment)
Ostma	Buy
Ostma	Shop
Ostukeskus	Shopping center
Otse	Straight
Otsene	Direct
Otsima	Look for
Otsustama	Decide

Eesti	English

P

Paar	Pair
Paat	Boat
Paber	Paper
Padi	Pillow
Padjapüür	Pillowcase
Pagariäri	Bakery
Pagas	Baggage
Pagas	Luggage
Pagasi väljastus	Baggage claim
Pahkluu	Ankle
Paik	Place
Paistetus	Swelling
Pakett	Packet
Pakk	Package
Paks	Fat (adjective)
Paks	Thick
Palavik	Fever
Palavik	Temperature (feverish)
Palju	Lot

Eesti	English
Palju	Many
Palk	Wage
Palkama	Hire
Pall	Ball (sports)
Palsam	Conditioner (conditioning treatment)
Palve	Prayer
Panema	Put
Pangakonto	Bank account
Pank	Bank
Pann	Frying pan
Pann	Pan
Pardakaart	Boarding pass
Pardal	Aboard
Pardale minema	Board (climb aboard)
Paremal	Right (rightward)
Parfüüm	Perfume
Parim	Best
Park	Park
Parkima	Park (parking)
Part	Duck
Partei	Party (political)
Pass	Passport

Eesti	English
Pastapliiats	Pen
Patarei	Battery
Pea	Head
Peal	On
Peapööritus	Nausea
Peatama	Stop (halt)
Peatee	Main road
Peatus	Stop (station)
Peavalu	Headache
Pedaal	Pedal
Peegel	Mirror
Peekon	Bacon
Peenike	Thin
Peenraha	Change (coinage)
Perekond	Family
Pesema	Wash (bathe)
Pesulapp	Wash cloth
Pesumasin	Washing machine
Petma	Cheat (verb)
Pettus	Rip-off
Pidu	Party (celebration)
Pidustus	Celebration

Eesti	English
Piim	Milk
Piir	Border
Piisav	Enough
Pikk	Long
Pikk	Tall
Pildistama	Take photos
Pilet	Ticket
Piletihind	Fare
Pilv	Cloud
Pilvine	Cloudy
Pime	Blind
Pintsetid	Tweezers
Pipar	Pepper (peppery)
Pirn	Pear
Pirukas	Pie
Pisike	Tiny
Pistik	Plug (socket)
Pits	Lace
Plaaster	Band-Aid
Planeet	Planet
Plastmass	Plastic
Plekk-karp	Tin (aluminum can)

Eesti	English
Pliiats	Pencil
Pliit	Stove
Ploom	Plum
Poeg	Son
Poiss	Boy
Poiss-sõber	Boyfriend
Poliitika	Politics
Politsei	Police
Politseijaoskond	Police station
Politseinik	Police officer
Pood	Shop
Pool	Half
Poole kohaga	Part-time
Populaarne	Popular
Porgand	Carrot
Positiivne	Positive
Post	Mail (mailing)
Postkaart	Postcard
Postkast	Mailbox
Postkontor	Post office
Pott	Pot (kettle)
Praad	Steak

Eesti	English
Praadima	Fry
Preester	Priest
Preili	Miss (lady)
President	President
Prillid	Glasses (eyeglasses)
Printer	Printer (printing)
Privaatne	Private
Programm	Program
Proovikabiin	Changing room
Proovima	Try (sip)
Protsent	Per cent
Proua/Preili	Mrs./Ms
Prussakas	Cockroach
Pruun	Brown
Prügi	Garbage
Prügikast	Garbage can
Pubi	Pub
Pudel	Bottle
Pudeliavaja	Bottle opener (beer)
Puhas	Clean (adjective)
Puhas	Pure
Puhastamine	Cleaning

Eesti	English
Puhkama	Rest (verb)
Puhkus	Holiday
Puhkus	Vacation
Puit	Wood
Pulber	Powder
Pulm	Wedding
Pulmatort	Cake (wedding cake)
Pult	Remote
Pumpama	Pump
Punane	Red
Punkt	Point (noun)
Purjus	Drunk
Purk	Can (aluminum can)
Purk	Jar
Putukas	Bug
Puu	Tree
Puudega	Disabled
Puudujääk	Shortage
Puudutama	Touch
Puusepp	Carpenter
Puuvili	Fruit
Puuvill	Cotton

Eesti	English
Põhi	North
Põhiline	Main
Põhjas	Bottom (on bottom)
Põhjus	Reason
Põletus	Burn (noun)
Põlv	Knee
Põrand	Floor (carpeting)
Päev	Day
Päevik	Diary
Pähkel	Nut
Päike	Sun
Päikesekaitse	Sun block
Päikeseloojang	Sunset
Päikeseprillid	Sunglasses
Päikesepõletus	Sunburn
Päikesetõus	Sunrise
Päikseline	Sunny
Pärast	After
Pöörama	Turn
Pühad	Holidays
Püksid	Pants (slacks)
Püüdma	Try (trying)

Eesti	English

R

Eesti	English
Raadio	Radio
Raamat	Book
Raamatukogu	Library
Raamatupood	Bookshop
Rada	Path
Rada	Track (pathway)
Rada	Trail
Radiaator	Radiator
Raha	Money
Rahakott	Purse
Rahu	Peace
Rahvarohke	Crowded
Rand	Beach
Ranne	Wrist
Rannik	Coast
Rase	Pregnant
Raseerima	Shave
Raseerimiskreem	Shaving cream
Raske	Heavy

Eesti	English
Raskused	Weights
Ratas	Bike
Ratas	Wheel
Ratastool	Wheelchair
Rattasõit	Cycling
Rattur	Cyclist
Ravim	Medicine (medicinal)
Ravimtaim	Herb
Reegel	Rule (noun)
Rehv	Tire
Reis	Trip (expedition)
Reisija	Passenger
Reisima	Travel
Reliikvia	Relic
Relv	Gun
Remont	Repair (noun)
Rentima	Rent (verb)
Restoran	Restaurant
Retsept	Prescription
Ribi	Rib
Riidekapp	Wardrobe
Riidepood	Clothing store

Eesti	English
Riietus	Clothing
Riik	Country
Riis	Rice
Rikas	Rich (prosperous)
Rikutud	Spoiled (rotten)
Rindkere	Chest (torso)
Ringkäik	Tour
Rinnahoidja	Bra
Rist	Cross (crucifix)
Roheline	Green
Rohkem	More
Romantiline	Romantic
Rong	Train
Rongijaam	Train station
Ronima	Climb (verb)
Roog	Meal
Roosa	Pink
Rott	Rat
Rumal	Stupid
Rumm	Rum
Ruttama	(be) in a hurry
Ruum	Room (accommodation)

Eesti	English
Rõhk	Pressure
Räpane	Dirty
Rätik	Towel
Rääkima	Talk
Rääkima	Tell
Röster	Toaster
Rööv	Robbery
Röövima	Rob
Rütm	Rhythm

S

Saabuma	Arrive
Saabumine	Arrivals
Saama	Get
Saapad	Boots (shoes)
Saar	Island
Saaste	Pollution
Saatma	Send
Sadam	Port (dock)
Salat	Lettuce
Salat	Salad

Eesti	English
Sall	Scarf
Salvrätik	Napkin
Salvrätikud	Tissues
Sama	Same
Samuti	Also
Sandaal	Sandal
Sarnane	Similar
Saun	Sauna
Seadus	Law (edict)
Seaduslik	Legal
Seal	There
Sealiha	Pork
See	It
See	That (one)
See	This (one)
Seelik	Skirt
Seep	Soap
Sees	In
Sees	Inside
Seksikas	Sexy
Seksism	Sexism
Sekund	Second

Eesti	English
Selg	Back (body)
Seljakott	Backpack
Sensuaalne	Sensual
Sent	Cent
Sentimeeter	Centimeter
Sest	Because
Show	Show
Side	Bandage
Sidrun	Lemon
Siga	Pig
Sigar	Cigar
Sigaret	Cigarette
Siid	Silk
Siider	Cider
Siin	Here
Sild	Bridge (noun)
Silmad	Eyes
Silt	Sign (signature)
Sina	You
Sinep	Mustard
Sinu	Your
Sisenema	Enter

Eesti	English
Siseruumis	Indoor
Sissekanne	Entry
Snäkk	Snack
Soe	Warm
Soeng	Haircut
Sokid	Socks
Sooda	Soda
Sool	Salt
Soovima	Wish (verb)
Soovitama	Recommend
Spinat	Spinach
Staadion	Stadium
Stuudio	Studio
Sugu	Sex
Suhe	Relationship
Suhkur	Sugar
Suitsetama	Smoke (verb, cigarettes)
Sukeldumine	Diving
Sularaha	Cash
Sularahaautomaat	ATM
Suletud	Closed
Sulgema	Close (closer)

Eesti	English
Supermarket	Supermarket
Supp	Soup
Surema	Die
Surfama	Surf
Surnud	Dead
Suu	Mouth
Suudlema	Kiss
Suudlus	Kiss
Suunas	Towards
Suund	Direction
Suur	Big
Suur	Large
Suurepärane	Great (wonderful)
Suurus	Size (extent)
Suutma	Can (have the ability)
Suvi	Summer
Suvikõrvits	Zucchini
Sviiter	Sweater
Sõber	Friend
Sõda	War
Sõit	Ride
Sõitma	Drive

Eesti	English
Sõitma	Go (drive)
Sõitma	Ride (riding)
Sõjavägi	Military (noun)
Sõna	Word
Sõnum	Message
Sõrm	Finger
Sõrmus	Ring (bauble)
Särk	Shirt
Sääsk	Mosquito
Sörkimine	Jogging
Sööma	Eat
Süda	Heart
Südaöö	Midnight
Sügav	Deep
Sügelus	Itch
Sügis	Fall (autumnal)
Sülearvuti	Laptop
Sünnipäev	Birthday
Sünnipäevatort	Cake (birthday cake)
Süüdi	Guilty
Süütaja	Lighter (ignited)
Süütu	Innocent

Eesti	English
Šampoon	Shampoo
Šokolaad	Chocolate

T

Taaskasutama	Recycle
Tabalukk	Padlock
Tablett	Pill
Taevas	Sky
Taga	Behind
Tagasi	Ago
Tagasi	Back (backward position)
Tagastus	Refund (noun)
Tagatud	Guaranteed
Tagumik	Bottom (butt)
Tagumine	Rear (behind)
Tahtma	Want
Taim	Plant
Taimetoitlane	Vegetarian
Taimne	Herbal
Taldrik	Plate
Talu	Farm

Eesti	English
Talv	Winter
Tankla	Petrol station
Tantsima	Dance (verb)
Tantsimine	Dancing
Tasku	Pocket
Taskurätik	Handkerchief
Tasuta	Free (no cost)
Tavaline	Ordinary
Teadlane	Scientist
Teadma	Know
Teadus	Science
Teater	Theater
Tee	Road
Tee	Tea
Teelusikas	Teaspoon
Teenima	Earn
Teenus	Service
Tegema	Do
Teie	You
Teine	Another
Tekk	Blanket
Telefon	Telephone

Eesti	English
Telefoniraamat	Phone book
Televisioon	Television
Tellima	Order
Tellimus	Order
Tema	He
Tema	She
Tema oma	Her (hers)
Tema oma	His
Tempel	Stamp
Temperatuur	Temperature (degrees)
Tere tulemast	Welcome
Termomeeter	Thermometer
Tervis	Health
Tihti	Often
Tikud	Matches (matchbox)
Toa number	Room number
Toidukaubad	Grocery
Toiming	Operation (process)
Toit	Food
Toll	Customs
Tomat	Tomato
Tool	Chair

Eesti	English
Tooma	Bring
Toores	Raw
Toost	Toast (toasting) (raise a glass)
Tootma	Produce (verb)
Topelt	Double
Torm	Storm
Torn	Tower
Tramm	Tram
Transport	Transport
Tropp	Plug (stopper)
Trummid	Drums
T-särk	T-shirt
Tsükkel	Cycle
Tualett	Toilet
Tualettpaber	Toilet paper
Tuba	Room (chamber)
Tubakas	Tobacco
Tugev	Strong
Tulema	Come
Tulevik	Future
Tuli	Fire (heated)
Tulistama	Shoot

Eesti	English
Tume	Dark
Tumesinine	Blue (dark blue)
Tumm	Mute (adjective)
Tund	Hour
Tunded	Feelings
Tunnistama	Admit
Turg	Market
Turist	Tourist
Turvaline	Safe
Turvavöö	Seatbelt
Tuul	Wind
Tuvi	Pigeon
TV	TV
Tõlge	Translation
Tõlkima	Translate
Tõmbama	Pull
Tõsine	Serious
Tähemärk	Star sign
Täht	Star
Täis	Full
Täiskasvanu	Adult
Täiskohaga	Full-time

Eesti	English
Täitma	Fill
Täiuslik	Perfect
Täna	Today
Täna	Tonight
Tänama	Thank
Tänav	Street
Tänulik	Grateful
Täpselt	Exactly
Töö	Job
Töötama	Work (verb)
Tüdinud	Bored
Tüdruk	Girl
Tüdruksõber	Girlfriend
Tühi	Empty
Tühistama	Cancel
Tükk	Piece
Tütar	Daughter
Tütrepoeg/pojapoeg	Grandson
Tütretütar/pojatütar	Granddaughter
Tüüp	Type (noun)
Tüüpiline	Typical

Eesti	English

U

Udune	Foggy
Uimane	Dizzy
Ujuma	Swim
Ujumiskostüüm	Bathing suit
Ujumiskostüüm	Swimsuit
Uks	Door
Umbes	About
Unine	Sleepy
Unistus	Dream
Unustama	Forget
Usaldama	Trust (verb)
Usk	Religion
Usklik	Religious
Uss	Snake
Uudised	News
Uus	New

Eesti	English

V

Eesti	English
Vaade	View (noun)
Vaarikas	Raspberry
Vaatama	Look
Vaatama	Watch
Vaba	Free (at liberty)
Vaene	Poor
Vaesus	Poverty
Vahekäik	Aisle
Vahel	Between
Vahetusraha	Change (pocket change)
Vahistama	Arrest
Vaidlema	Argue
Vaikne	Quiet
Vaip	Rug
Vajadus	Necessity
Vajama	Need (verb)
Vale	Wrong
Valetaja	Liar
Valetama	Lie (falsehood)

Eesti	English
Valge	White
Valgus	Light
Valgusfoor	Traffic light
Vali	Loud
Valima	Choose
Valitsus	Government
Valmis	Ready
Valmistama	Make
Valmistuma	Prepare
Valu	Pain
Valus	Painful
Valus	Sore
Valuvaigisti	Painkiller
Vana	Old
Vanaema	Grandmother
Vanaisa	Grandfather
Vanemad	Parents
Vangla	Jail
Vangla	Prison
Vann	Bath
Vannituba	Bathroom
Vanus	Age

Eesti	English
Vapper	Brave
Vara	Early
Varas	Thief
Varastama	Steal
Varastatud	Stolen
Varemed	Ruins
Vari	Shade (shady)
Varsti	Soon
Varvas	Toe
Vasakul	Left (leftward)
Vastand	Opposite (noun)
Vastus	Answer
Vatipall	Cotton balls
Vedu	Carriage
Veekindel	Waterproof
Veel	(Not) yet
Veepudel	Water bottle
Veerand	Quarter (portion of a whole)
Veider	Off (strange)
Veider	Strange
Vein	Wine
Veiseliha	Beef

Eesti	English
Vend	Brother
Veoauto	Truck
Veri	Blood
Vesi	Water
Vestlema	Chat up
Videosalvesti	Video recorder
Viga	Foul (noun, sports)
Viga	Mistake
Vigastatud	Hurt (adjective)
Vigastus	Injury
Vihane	Angry
Vihm	Rain (noun)
Vihmamantel	Raincoat
Vihmavari	Umbrella
Viimane	Last (finale)
Viirus	Virus
Viis	Way
Vill	Wool
Virsik	Peach
Voodi	Bed
Või	Butter
Või	Or

Eesti	English
Võib-olla	Maybe
Võidu jooksma	Race (running)
Võim	Power
Võima	Can (allowed)
Võimalik	Possible
Võimalus	Chance
Võimatu	Impossible
Võitja	Winner
Võitlus	Fight (noun)
Võitma	Win (verb)
Võrk	Net
Võrratu	Wonderful
Võti	Key
Võtma	Take
Võõras	Stranger
Väga	Very
Vähe	Little (few)
Vähem	Less
Väike	Little (tiny)
Väike	Small
Välja minema	Go out
Väljak	Square (town center)

Eesti	English
Väljapääs	Exit
Väljas	Outside
Väljumisvärav	Departure gate
Värav	Gate (airport)
Värske	Fresh
Värv	Color
Väsinud	Tired
Väärtus	Value (noun)
Väärtuslik	Valuable

Õ

Õde	Sister
Õhk	Air
Õhtu	Evening
Õhtusöök	Dinner
Õige	Right (appropriate)
Õigel ajal	On time
Õlg	Shoulder
Õli	Oil (oily)
Õlu	Beer
Õmblema	Sew

Eesti	English
Õnn	Luck
Õnnelik	Happy
Õnnelik	Lucky
Õnnetus	Accident
Õpetaja	Teacher
Õpilane	Student
Õppima	Learn
Õudne	Terrible
Õun	Apple

Ä

Ämber	Bucket
Ämm	Mother-in-law
Äratama	Wake (someone) up
Äratuskell	Alarm clock
Äri	Business
Äädikas	Vinegar
Äärelinn	Suburb

Eesti	English

Ö

Öö	Night
Ööklubi	Nightclub

Ü

Ühesuunaline	One-way
Üks	One
Üksi	Alone
Üksik	Single (individual)
Üksikasjad	Details
Ükskord	Once
Üle	Across
Üleeile	Day before yesterday
Ülehomme	Day after tomorrow
Üles	Up
Ülesmärge	Uphill
Ülevaade	Review (noun)
Üleöö	Overnight
Üllatus	Surprise (noun)

Eesti	English
Ümmargune	Round
Ütlema	Say

CPSIA information can be obtained
at www.ICGtesting.com
Printed in the USA
LVHW080154080920
665291LV00019B/2288